中华三字歌

Chinese Three-Character Poems

张立中

ZHANG LIZHONG

双语出版社 Bilingual Press

中华三字歌

Chinese Three-Character Poems

汉英双语版

Chinese-English Bilingual Edition

张立中

ZHANG LI ZHONG

双语出版社 BILINGUAL PRESS

目录 CONTENTS

词汇表

Vocabulary

附录《三字经》原文

Appendix: The Original Three-Character Classic

汉语拼音方案

Scheme for the Chinese Phonetic Alphabet

一 汉语文字 HAN YU WEN ZI

1 THE CHINESE LANGUAGE

hàn 汉	wén 文	zì 字，	The Chinese characters,
fāng 方	kuài 块	xíng 形。	Square in shape.
gǔ 古	zhì 至	jīn 今，	From the ancient times to the present,
yī 一	mài 脉	chéng 承。	A history of evolution.
jì 既	huì 会	yì 意，	Characters with associative compounds,
yòu 又	xiàng 象	xíng 形。	Some with pictographs.
kě 可	zhǐ 指	shì 事，	Some are self-explanatory,
hái 还	xíng 形	shēng 声。	Plus pictophonetic.

一　漢語文字（ㄏㄢˋㄩˇㄨㄣˊㄗˋ）

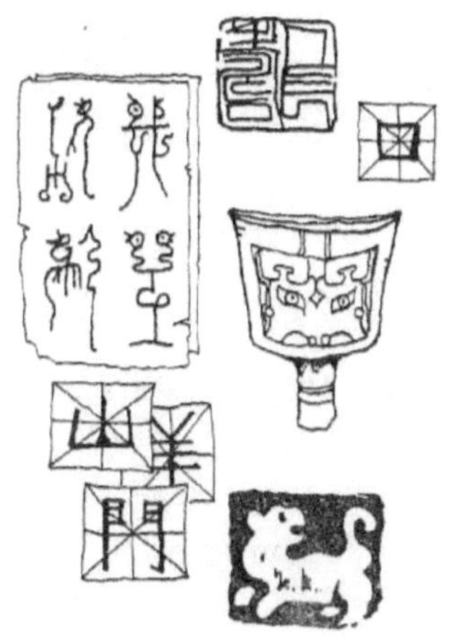

漢文字，方塊形。

古至今，一脈承。

既會意，又象形。

可指事，還形聲。

yīn xíng yì
音 形 义，
Form, meaning and sound,

zōng hé xìng
综 合 性。
A unified body.

xīn shí dài
新 石 代，
The New Stone Age,

hàn zì chéng
汉 字 成。
Saw the creation of Chinese characters.

yīn shāng cháo
殷 商 朝，
The Yin and Shang dynasties,

jiǎ gǔ wén
甲 骨 文。
Left inscriptions on bones.

jīn zhuàn lì
金 篆 隶，
Jin, Zhuan and Li,

xíng tǐ zēng
形 体 增。
Various styles of writing.

cǎo xíng kǎi
草 行 楷，
Cao, Xing and Kai,

shū fǎ jīng
书 法 精，
Refined calligraphy.

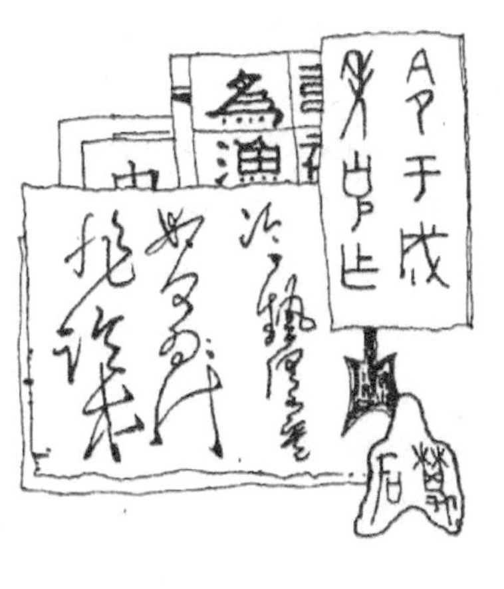

丨義，丁|ㄥˊ性。ㄅ`ㄞˋ代，ㄔˊ成。ㄔˊ朝，ㄨˊㄣˊ文。ㄅ`ˋ隸，ㄗㄥ增。ㄎ`ㄞˇ楷，ㄐㄩㄥ精。

丁|ㄥˊ形，ㄏㄜˊ合　ㄕˊ石　ㄗˋ字　ㄕㄤ商　ㄍㄨˇ骨　ㄓㄨ篆　ㄊ|ˇ體　丁|ㄥˊ行　ㄈㄚˇ法

ㄐ|ㄣ音　ㄗㄨㄥ綜　丁|ㄣ新　ㄏㄢ`漢　|ㄣ殷　ㄐ|ㄚˇ甲　ㄐ|ㄣ金　丁|ㄥˊ形　ㄘㄠˇ草　ㄕㄨ書

yóu 由	wén 文	yán 言，	Classical Chinese,
zhì 至	bái 白	huà。 话。	Developed into the vernacular.
nán 难	dào 到	yì 易，	From difficult to easy,
shí 实	kě 可	xíng。 行。	It can be the way of learning.
yòng 用	yǔ 语	yán 言，	By use of the language,
chuàng 创	wén 文	míng。 明。	Civilisation has been built up.
hàn 汉	wén 文	huà， 化，	Chinese culture,
shì 世	wén 闻	míng。 名。	Well-known throughout the world.

ㄧㄢˊ言，ㄏㄨㄚˋ話。一易，ㄒㄧㄥˊ行。ㄧㄢˊ言，ㄇㄧㄥˊ明。ㄏㄨㄚˋ化，ㄇㄧㄥˊ名。

ㄨㄣˊ文ㄅㄞˊ白ㄉㄠˋ到ㄎㄜˇ可ㄩˇ語ㄨㄣˊ文ㄨㄣˊ文ㄨㄣˊ聞

ㄧㄡˊ由ㄓˋ至ㄋㄢˊ難ㄕˊ實ㄩㄥˋ用ㄔㄨㄤˋ創ㄏㄢˋ漢ㄕˋ世

二 常见姓氏 CHANG JIAN XING SHI
3 COMMON FAMILY NAMES

hàn	xìng	shì
汉	姓	氏，

Han family names,

shù	qiān	yàng
数	千	样。

Number in thousands.

bǎi	jiā	xìng
《百	家	姓》，

The book *Hundred Family Names* ,

shōu	jí	xiáng
收	集	详。

A detailed collection.

rèn	xìng	shì
认	姓	氏，

To identify a family name,

jì	piān	páng
记	偏	旁。

Better to remember its character components.

ěr	dōng	chén
耳	东	陈，

Chen with the components er and dong,

gōng	cháng	zhāng
弓	长	张。

Zhang with gong and chang.

二　常見姓氏　ㄔㄤˊ ㄐㄧㄢˋ ㄒㄧㄥˋ ㄕˋ

ㄏㄢˋ 漢　ㄒㄧㄥˋ 姓　ㄕˋ 氏，
ㄕㄨˋ 數　ㄑㄧㄢ 千　ㄧㄤˋ 樣。
ㄅㄞˇ 《百　ㄐㄧㄚ 家　ㄒㄧㄥˋ 姓》，
ㄕㄡ 收　ㄐㄧˊ 集　ㄒㄧㄤˊ 詳。
ㄖㄣˋ 認　ㄒㄧㄥˋ 姓　ㄕˋ 氏，
ㄐㄧˋ 記　ㄆㄧㄢ 偏　ㄆㄤˊ 旁。
ㄦˇ 耳　ㄉㄨㄥ 東　ㄔㄣˊ 陳，
ㄍㄨㄥ 弓　ㄔㄤˊ 長　ㄓㄤ 張。

gǔ yuè hú
古　月　胡，

Hu with gu and yue,

shuǐ gōng jiāng
水　工　江。

Jiang with shui and gong.

kǒu tiān wú
口　天　吴，

Wu with kou and tian,

lì zǎo zhāng
立　早　章。

Zhang with li and zao.

mù zǐ lǐ
木　子　李，

Li with mu and zi,

cǎo tóu jiǎng
草　头　蒋。

Jiang with the upper part of cao.

yǒu shuāng xìng
有　双　姓，

There are double-character family names,

rú ōu yáng
如　"欧　阳"。

Such as "Ou Yang".

yǐ xìng shì
以　姓　氏，

By use of the family names,

zuò jiāo wǎng
作　交　往。

For contacting people.

古月胡，水工江。口天吴，立早章。木子李，草頭蒋。有雙姓，如"歐陽"。又以姓氏作交往。

yú	xiān	sheng	
余	先	生，	Mr. Yu,
chéng	tài	tai	
程	太	太。	Mrs. Cheng.
lín	xiǎo	jiě	
林	小	姐，	Miss Lin,
zhōu	dà	niáng	
周	大	娘。	Aunty Zhou.
liú	jiào	shòu	
刘	教	授，	Professor Liu,
zhèng	xiào	zhǎng	
郑	校	长。	Principal Zheng.
jiào	xiǎo	zhào	
叫	小	赵，	Call Young Zhao,
hǎn	lǎo	wáng	
喊	老	王。	Hail Old Wang.
xìng	chēng	hu	
姓	称	呼，	The address of family names,
yòng	chu	guǎng	
用	处	广。	Has many uses.

先生，太太。小姐，娘娘。教授，校長。小老稱呼，廣。

余程，林周，劉鄭，叫喊，姓用。

生，太。姐，娘。授，長。趙，王。呼，廣。

三 亲属称谓 QIN SHU CHENG WEI

3 THE TITLES OF RELATIVES

qīn 亲	shǔ 属	míng 名，	The titles of relatives,
bù 不	nán 难	jì 记。	Not difficult to remember.
yī 一	jiā 家	rén 人，	One's family,
wéi 为	zhí 直	xì 系。	Directly-related members.
zǔ 祖	fù 父	mǔ 母，	Grandparents,
sūn 孙	zǐ 子	nǚ 女。	Grandchildren.
fù 父	mǔ 母	qīn 亲，	Father and mother,
fū 夫	yǔ 与	qī 妻。	Husband and wife.

三　親屬稱謂

名，記。人，系。母，女。親，妻。屬難家直父子母與親不一為祖孫父夫

yǎng 养	ér 儿	nǚ 女，	Foster children,
qín 勤	cāo 操	chí 持。	Through hardworking.
jiě 姐	hé 和	mèi 妹，	Elder and younger sisters,
gē 哥	yǔ 与	dì 弟。	Elder and younger brothers.
hūn 婚	yīn 姻	yuán 缘，	Marriage relationships,
xù 婿	huò 或	xí 媳。	Son-in-law or daughter-in-law.
shū 叔	bó 伯	fù 父，	Father's younger and elder brother,
gū 姑	shěn 婶	yí 姨。	Father's sister, wife of father's brother, and mother's sister.
wài 外	gōng 公	pó 婆，	Maternal grandparents,
shēng 甥	yǔ 与	zhí 侄。	Nephew or niece.

養兒女，勤操持。姐和妹，哥與弟。婚姻緣，婿或媳。叔伯父，姑嬸姨。外公婆，甥與侄。

| lǎo | ài | xiǎo |
| 老 | 爱 | 小， |

The aged love the minors,

| cì | jiào | yì |
| 赐 | 教 | 益。 |

And grant instructions.

| xiǎo | jìng | lǎo |
| 小 | 敬 | 老， |

The minors respect the aged,

| jìn | xiào | yì |
| 尽 | 孝 | 义。 |

And show filial obedience.

| yǒu | lǐ | jié |
| 有 | 礼 | 节， |

Be refined and courteous,

| jiǎng | hé | qì |
| 讲 | 和 | 气。 |

And be polite and amiable.

| qīn | shǔ | jiān |
| 亲 | 属 | 间， |

Among relatives,

| tóng | xiāng | jì |
| 同 | 相 | 济。 |

Mutual support should be encouraged.

老愛小，賜教益。
小敬老，盡孝義。
有禮節，講和氣。
親屬間，同相濟。

四 道德教育 DAO DE JIAO YU

4 MORAL EDUCATION

fù 父	mǔ 母	qīn 亲，	Father and mother,
zhòng 重	jiā 家	jiào 教。	Responsible for home education.
jiāo 教	zǐ 子	nǚ 女，	Teach children,
yīng 应	yǒu 有	fāng 方。	With the proper method.
jìng 敬	lǎo 老	rén 人，	Esteem the aged,
zūn 尊	shī 师	zhǎng 长。	Respect teachers.
ài 爱	yòu 幼	xiǎo 小，	To love the minors,
zuò 做	bǎng 榜	yàng 样。	The elder should set an example.

四　道德教育　ㄉㄠ ㄉㄜ ㄐㄧㄠ ㄩ

父母親，重家教。
教子女，應有方。
敬老人，尊師長。
愛幼小，做榜樣。

duì	tóng	bèi
对	同	辈，

To the same generation,

yào	qiān	ràng
要	谦	让。

Be modest and unassuming.

xué	tā	rén
学	他	人，

Learn from others,

qǔ	zhī	cháng
取	之	长。

Take their strong points.

sì	lín	shè
四	邻	舍，

The neighbours,

hé	xiāng	chǔ
和	相	处。

Live in peace with each other.

ruò	yǒu	qiú
若	有	求，

If someone needs help,

lè	xiāng	bāng
乐	相	帮。

Support should be given happily.

zhù	tā	rén
助	他	人，

To help others,

bù	qiú	bào
不	求	报。

Not concerned about reward.

對同輩，要謙讓。
學他人，取之長。
四鄰舍，和相處。
若有求，樂相幫。
助他人，不求報。

rén 人	zhù 助	wǒ 我，	If someone has helped me,
mò 莫	xiāng 相	wàng 忘。	I should never forget.
huài 坏	xí 习	guàn 惯，	Bad habits,
yào 要	chú 除	diào 掉。	Should be rooted out.
hǎo 好	chuán 传	tǒng 统，	Fine traditions,
yīng 应	fā 发	yáng 扬。	Should be carried on.
jiǎng 讲	měi 美	dé 德，	To achieve moral excellence,
dǒng 懂	lǐ 礼	shàng 尚。	Be refined and courteous.
duì 对	shēng 生	huó 活，	Towards life,
yǒu 有	zhì 志	xiàng 向。	Have aspirations.

人助我，莫相忘。
壞習慣，要除掉。
好傳統，應發揚。
講美德，懂禮尚。
對生活，有志向。

五 历史成就 LI SHI CHENG JIU

5 HISTORICAL ACHIEVEMENTS

dà	zhōng	huá	
大	中	华，	Great China,

jū	yà	zhōu	
居	亚	洲。	Situated in Asia.

dì	yù	guǎng	
地	域	广，	Vast territories,

duō	rén	kǒu	
多	人	口。	Big population.

wǔ	qiān	nián	
五	千	年，	Five thousand years,

lì	shǐ	jiǔ	
历	史	久。	A long history.

zhōng	guó	rén	
中	国	人，	The Chinese people,

duō	chéng	jiù	
多	成	就。	Famed for many achievements.

五 歷史成就

大中華，居亞洲。
地域廣，多人口。
五千年，歷史久。
中國人，多成就。

zào zhǐ nán,
造 指 南，

The compass invented,

biàn háng lù。
辨 航 路。

To guide directions.

yǎng sāng cán,
养 桑 蚕，

Sericulture created,

zhī sī chóu。
织 丝 绸。

To make silk clothes.

zhù cháng chéng,
筑 长 城，

The Great Wall built,

wàn lǐ tú。
万 里 途。

Ten thousand li long.

kāi yùn hé,
开 运 河，

The Grand Canal constructed,

lián jiǔ zhōu。
连 九 州。

To connect the nation.

zhì huǒ yào,
制 火 药，

Gunpowder making,

chuán xī ōu。
传 西 欧。

Transferred to Western Europe.

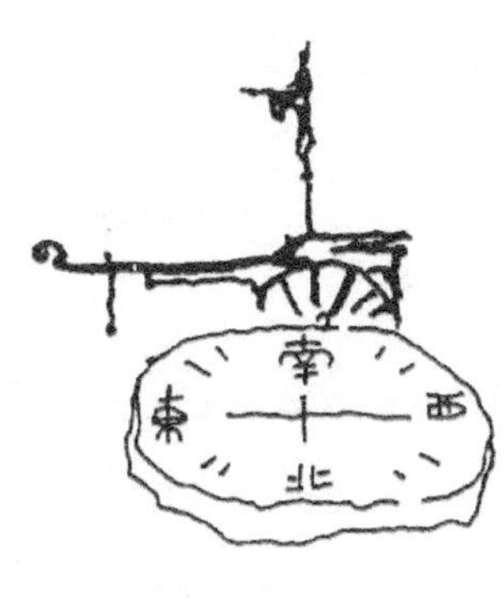

造指南，辨航路。
養桑蠶，織絲綢。

築長城，萬里途。
開運河，連九州。

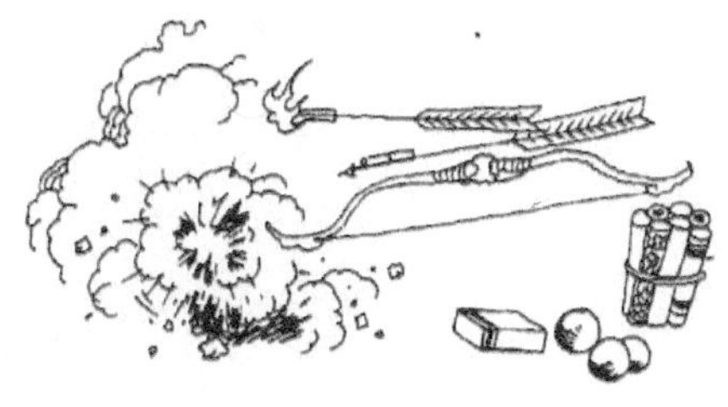

製火藥，傳西歐。

fā	míng	zhǐ
发	明	纸，

The invention of
papermaking,

xiě	chūn	qiū
写	春	秋。

A revolution in writing.

yìn	shuā	shù
印	刷	术，

The technology of printing,

yù	quán	qiú
誉	全	球。

Winning world renown.

發明紙，寫春秋。
印刷術，譽全球。

六　著名人物 *ZHU MING REN WU*

6 FAMOUS FIGURES

yán 炎	huáng 黄	dì 帝，	The emperors of Yan and Huang,
huá 华	shǐ 始	zǔ 祖。	The first Chinese ancestors.
yáo 尧	yǔ 与	shùn 舜，	Yao and Shun,
ràng 让	xián 贤	wèi 位。	Let the best for the highest position.
chuán 传	dà 大	yǔ 禹，	The legendary Da Yu
zhì 治	hóng 洪	shuǐ 水。	Regulated watercourses.
chūn 春	qiū 秋	shí 时，	During the Spring and Autumn Period,
bǎi 百	jiā 家	qǐ 起。	The Hundren Schools developed.

六　著名人物　ㄓㄨˋ　ㄇㄧㄥˊ　ㄖㄣˊ　ㄨˋ

炎黃帝，華始祖。
堯與舜，讓賢位。
傳大禹，治洪水。
春秋時，百家起。

rú 儒	dào 道	fǎ 法，	Among Confucians, Taoists and Legalists,
zhēng 争	míng 鸣	jī 激。	There was a heated debate.
kǒng 孔	fū 夫	zǐ 子，	Confucius,
wéi 为	xiān 先	shī 师，	The great teacher,
bàn 办	sī 私	xué 学，	Opened private schools,
jiǎng 讲	rén 仁	lǐ 礼。	Lectured on benevolence.
qín 秦	shǐ 始	huáng 皇，	The First Emperor of Qin,
dà 大	tǒng 统	yī 一。	Unified the nation.
hàn 汉	zhāng 张	qiān 骞，	Zhang Qian of the Han Dynasty,
tōng 通	xī 西	yù 域。	Travelled to the West.

ㄈㄚˇ 法，ㄐㄧ 激。
ㄗˇ 子，ㄕ 師。
ㄒㄩㄝˊ 學，ㄌㄧˇ 禮。
ㄏㄨㄤˊ 皇，ㄧ 一。
ㄑㄧㄢ 騫，ㄩˋ 域。

ㄉㄠˋ 道，ㄇㄧㄥˊ 鳴。
ㄈㄨ 夫，ㄒㄧㄢ 先。
ㄙ 私，ㄖㄣˊ 仁。
ㄕˇ 始，ㄊㄨㄥˇ 統。
ㄓㄤ 張，ㄒㄧ 西。

ㄖㄨˊ 儒，ㄓㄥ 爭。
ㄎㄨㄥˇ 孔，ㄨˋ 為。
ㄅㄢˋ 辦，ㄐㄧㄤˇ 講。
ㄑㄧㄣˊ 秦，ㄉㄚˋ 大。
ㄏㄢˋ 漢，ㄊㄨㄥ 通。

zhāng	héng	zào，	Zhang Heng invented,
张	衡	造，	
hún	tiān	yí。	The armillary sphere.
浑	天	仪。	
wèi	shǔ	wú，	Wei, Shu and Wu,
魏	蜀	吴，	
sān	dǐng	lì。	The Three Kingdoms.
三	鼎	立。	
zhū	gě	liàng，	Zhuge Liang,
诸	葛	亮，	
jì	móu	qí。	An extraordinary strategist.
计	谋	奇。	
táng	lǐ	bái，	Li Bai of the Tang Dynasty,
唐	李	白，	
chēng	shī	xiān。	Known as the "poet immortal"
称	诗	仙。	
sòng	yuè	fēi，	Yue Fei of the Song Dynasty,
宋	岳	飞，	
duō	yǒng	yì。	A brave and righteous general.
多	勇	义。	

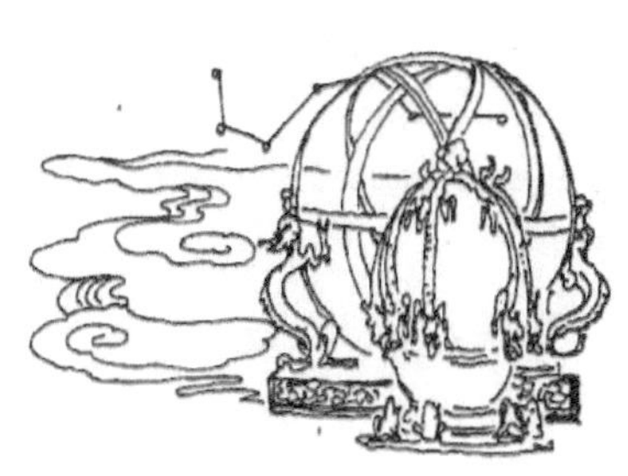

ㄗㄠˋ造，ㄧˊ儀。ㄨˊ吳，ㄌㄧˋ立。ㄌㄧㄤˋ亮，ㄑㄧˊ奇。ㄅㄞˊ白，ㄒㄧㄢ仙。ㄈㄟ飛，ㄧˋ義。

ㄏㄥˊ衡　ㄊㄧㄢ天　ㄕㄨˇ蜀　ㄉㄧㄥˇ鼎　ㄍㄜˇ葛　ㄇㄡˊ謀　ㄌㄧˇ李　ㄕ詩　ㄩㄝˋ岳　ㄩㄥˇ勇

ㄓㄤ張　ㄏㄨㄣˊ渾　ㄨㄟˋ魏　ㄙㄢ三　ㄓㄨ諸　ㄐㄧˋ計　ㄊㄤˊ唐　ㄔㄥ稱　ㄙㄨㄥˋ宋　ㄉㄨㄛ多

wén 文	tiān 天	xiáng 祥，	Wen Tianxiang,
yǒu 有	zhèng 正	qì 气。	Encouraged healthy trends.
míng 明	zhèng 郑	hé 和，	Zheng He of the Ming Dynasty,
xià 下	xī 西	yáng 洋。	Travelled to the Western Seas.
lǐ 李	zì 自	chéng 成，	Li Zicheng,
jiē 揭	gān 竿	qǐ 起。	Raised the standard of revolt.
lín 林	zé 则	xú 徐，	Lin Zexu,
jìn 禁	yā 鸦	piàn 片。	Banned the opium trade.
hóng 洪	xiù 秀	quán 全，	Hong Xiuquan,
dà 大	qǐ 起	yì 义。	Led the Taiping Uprising.

文天祥，有正氣。
明鄭和，下西洋。
李自成，揭竿起。
林則徐，禁鴉片。
洪秀全，大起義。

sūn	zhōng	shān	Sun Yat-sen,
孙	中	山，	
fèi	dì	zhì	For abolishing the monarchy.
废	帝	制。	
jiàn	mín	guó	He established the Republic,
建	民	国，	
yǒu	wěi	jī	Had great feats.
有	伟	绩。	

孫中山，廢帝制，建民國，有偉績。

七 经典名著 JING DIAN MING ZHU
7 CLASSICAL WORKS

xué	zhōng	wén	Learning Chinese,
学	中	文，	
dú	jīng	diǎn	Read the Classics.
读	经	典。	
xiān	qín	shí	In the Pre-Qin Period,
先	秦	时，	
duō	míng	piān	Many great works.
多	名	篇。	
sì	shū	chéng	The Four Books,
《四	书》	成，	
wǔ	jīng	quán	The Five Classics.
《五	经》	全。	
xiě	lí	sāo	The *Lisao* poem,
写	《离	骚》，	
wéi	qū	yuán	Written by QuYuan.
为	屈	原。	

七　經典名著

學中文，讀經典。
先秦時，多名篇。
《四書》成，《五經》全。
寫《離騷》，為屈原。

biān	shǐ	jì	The *Records of the Histori-*
编	《史	记》,	*an*,
sī	mǎ	qiān	Edited by Sima Qian.
司	马	迁。	
hàn	shí	fù	The *fu*-style prose in the
汉	时	赋,	Han,
táng	cháo	shī	The Tang Dynasty poems.
唐	朝	诗。	
sòng	dài	cí	The Song Dynasty *ci* Poem,
宋	代	词,	
yuán	míng	jù	The Yuan and Ming plays.
元	明	剧。	
xiǎo	shuō	duō	Many novels,
小	说	多,	
míng	qīng	jiān	Created in the Ming and
明	清	间。	Qing.
wú	chéng	ēn	Wu Cheng'en,
吴	承	恩,	
xī	yóu	jì	The author of *Journey to*
《西	游	记》。	*the West*.

編《史記》，司馬遷。漢時賦，唐朝詩。宋代詞，元明劇。小說多，明清間。吳承恩，《西遊記》，

shī	nài	ān	Shi Nai'an,
施	耐	庵，	
shuǐ	hǔ	zhuàn	The author of *Outlaws of the Marsh*.
《水	浒	传》。	
wú	jìng	zǐ	Wu Jingzi,
吴	敬	梓，	
zhù	rú	lín	The author of *The Scholars*.
著	《儒	林》。	
cáo	xuě	qín	Cao Xueqin,
曹	雪	芹，	
hóng	lóu	mèng	The author of *A Dream of Red Mansions*.
《红	楼	梦》。	
míng	zhù	fēng	So many classical works,
名	著	丰，	
bù	shèng	xuǎn	For you to choose.
不	胜	选。	

施耐庵，
《水滸傳》。
吴敬梓，
著《儒林》。
曹雪芹，
《紅樓夢》。
名著豐，
不勝選。

八 游览名胜 YOU LAN MING SHENG

8 SCENIC SPOTS

yóu 游	lǎn 览	dì 地，	Scenic spots,
biàn 遍	shén 神	zhōu 州。	Throughout China.
běi 北	jīng 京	chéng 城，	The city of Beijing,
jiàn 建	dū 都	jiǔ 久。	An ancient capital.
dà 大	shàng 上	hǎi 海，	Great Shanghai,
jí 集	shāng 商	mào 贸。	Famous for trade.
gǔ 古	cháng 长	chéng 城，	The age-old Great Wall,
wàn 万	lǐ 里	tú 途。	Ten thousand li long.

八　遊覽名勝

遊覽地，遍神州。
北京城，建都久。
大上海，集商貿。
古長城，萬里途。

fó 佛	guāng 光	zhào 照，	The shining of Buddhist spirit,
dūn 敦	huáng 煌	kū 窟。	Coming from the Dunhuang Caves.
tōng 通	wài 外	yù 域，	Open up to the outside world,
sī 丝	chóu 绸	lù 路。	Through the Silk Road.
tài 泰	shān 山	jùn 峻，	Mount Taishan precipitous,
guì 桂	lín 林	xiù 秀。	Guilin beautiful.
sān 三	xiá 峡	xiǎn 险，	The defile Three Gorges,
huáng 黄	hé 河	liú 流。	The surging Yellow River.
sū 苏	zhōu 州	yuán 园，	Suzhou famous for its gardens,
xī 西	hú 湖	liǔ 柳。	The West Lake for its willows.

佛光照，敦煌窟。
通外域，絲綢路。
泰山峻，桂林秀。
三峽險，黃河流。
蘇州園，西湖柳。

téng wáng gé,
滕王阁，

The King Teng Pavilion,

huáng hè lóu。
黄鹤楼。

The Yellow Crane Tower.

shào lín sì，
少林寺，

Shaolin Temple,

lè shān fó。
乐山佛。

The figure of Buddha at Leshan.

rì yuè tán，
日月潭，

The Sun-Moon Pond,

jiǔ zhài gōu。
九寨沟。

The Nine-Village Gullies.

míng shèng duō，
名胜多，

So many scenic spots,

yāo jūn yóu。
邀君游。

Inviting you to visit.

滕王閣，黃鶴樓。
少林寺，樂山佛。
日月潭，九寨溝。
名勝多，邀君遊。

九 民族风情 MIN ZU FENG QING

9 FOLK CUSTOMS OF THE ETHNIC GROUPS

mín 民	zú 族	zhòng 众，	Many ethnic groups,
yì 异	xí 习	qù 趣。	Different customs.
hàn 汉	zú 族	rén 人，	The Han people,
ài 爱	xì 戏	jù 剧。	Opera lovers.
wéi 维	wú 吾	ěr 尔，	The Uygur people,
xǐ 喜	gē 歌	wǔ 舞。	Singing and dancing.
měng 蒙	gǔ 古	zú 族，	The Mongolians,
hào 好	shè 射	qí 骑。	Good at horse racing.

九 民族風情　ㄇㄧㄣˊ ㄗㄨˊ ㄈㄥ ㄑㄧㄥˊ

民族衆（ㄓㄨㄥˋ），異習趣（ㄑㄩˋ）。
漢族人（ㄖㄣˊ），愛戲劇（ㄐㄩˋ）。
維吾爾（ㄦˊ），喜歌舞（ㄨˇ）。
蒙古族（ㄗㄨˊ），好射騎（ㄑㄧˊ）。

tǎ	jí	kè	The Tajik people,
塔	吉	克，	
chuī	yīng	dí	Playing the hawk flute.
吹	鹰	笛。	
huí	mín	qū	Where the Huis live,
回	民	区，	
qīng	zhēn	sì	There are mosques.
清	真	寺。	
miáo	lí	yáo	The Miaos, Lis and Yaos,
苗、	黎、	瑶，	
lú	shēng	huì	Meeting with reed-pipe wind instrument.
芦	笙	会。	
dǎi	jiā	jié	The Dai Festival,
傣	家	节，	
hù	pō	shuǐ	Fun with water sprinkling.
互	泼	水。	
zhuàng	hé	yí	The Zhuangs and Yis,
壮	和	彝，	
shān	gē	měi	Singing beautiful folk songs.
山	歌	美。	

ㄊㄚˇ塔　ㄐㄧˊ吉　ㄎㄜˋ克，
ㄔㄨㄟ吹　ㄧㄥ鷹　ㄉㄧˊ笛。
ㄏㄨㄟˊ回　ㄇㄧㄣˊ民　ㄑㄩ區，
ㄑㄧㄥ清　ㄓㄣ真　ㄙˋ寺。
ㄇㄧㄠˊ苗、　ㄌㄧˊ黎、　ㄧㄠˊ瑤，
ㄌㄨˊ蘆　ㄕㄥ笙　ㄏㄨㄟˋ會。
ㄉㄞˇ傣　ㄐㄧㄚ家　ㄐㄧㄝˊ節，
ㄏㄨˋ互　ㄆㄛ潑　ㄕㄨㄟˇ水。
ㄓㄨㄤˋ壯　ㄏㄜˊ和　ㄧˊ彝，
ㄕㄢ山　ㄍㄜ歌　ㄇㄟˇ美。

jìn zàng jiā
进　藏　家，

While visiting a Tibetan family,

xiàn hǎ dá
献　哈　达，

You are presented a *katag* ceremonious scarf.

kuǎn dài kè
款　待　客，

The Tibetans entertain guests,

sū yóu chá
酥　油　茶。

With buttered tea.

gè mín zú
各　民　族，

All the ethnic groups,

qīn yī jiā
亲　一　家。

Close as a family.

家，達，客，茶。族，家。

藏哈待油民一

進獻款酥各親

十 手工工艺 SHOU GONG GONG YI

10 HANDICRAFT ART

shǒu	gōng	yì	Handicraft art,
手	工	艺，	
jīng	měi	qiǎo	Exquisite and skillful.
精	美	巧。	
shǒu	yì	rén	The handicraft people,
手	艺	人，	
duō	chuàng	zào	Making creations.
多	创	造。	
jǐng	dé	cí	Porcelain from Jingdezhen,
景	德	瓷，	
táng	shān	táo	Pottery from Tangshan.
唐	山	陶。	
zǐ	shā	hú	Red pottery teapot,
紫	砂	壶，	
yí	xīng	shāo	Made in Yixing.
宜	兴	烧。	

十　手工工藝

ㄕㄡˇ　ㄍㄨㄥ　ㄍㄨㄥ　ㄧˋ

ㄕㄡˇ ㄍㄨㄥ ㄧˋ，ㄐㄧㄥ ㄇㄟˇ ㄑㄧㄠˇ。
手　工　藝，精　美　巧。

ㄕㄡˇ ㄧˋ ㄖㄣˊ，ㄉㄨㄛ ㄔㄨㄤˋ ㄗㄠˋ。
手　藝　人，多　創　造。

ㄐㄧㄥˇ ㄉㄜˊ ㄘˊ，ㄊㄤˊ ㄕㄢ ㄊㄠˊ。
景　德　瓷，唐　山　陶。

ㄗˇ ㄕㄚ ㄏㄨˊ，ㄧˊ ㄒㄧㄥ ㄕㄠ。
紫　砂　壺，宜　興　燒。

wáng má zi
王　麻　子，

Wang Mazi,

míng jiǎn dāo
名　剪　刀。

The famous brand of scissors.

jǐng tài lán
景　泰　蓝，

Cloisonne enamel,

guāng zé yào
光　泽　耀。

Gloss dazzling.

táng sān cǎi
唐　三　彩，

The Tang tri-coloured pottery,

míng qì gāo
名　气　高。

Quite well-known.

ní wá wa
泥　娃　娃，

Clay figurine,

dòu rén xiào
逗　人　笑。

Very amusing.

tái liáng xí
台　凉　席，

Taiwan sleeping mat,

xià zhī bǎo
夏　之　宝。

Useful in summer.

王麻子，名剪刀。
景泰藍，光澤耀。
唐三彩，名氣高。
泥娃娃，逗人笑。
臺涼蓆，夏之寶。

tóu 头	bì 箆	zi 子，	Double-edge comb,
cháng 常	zhōu 州	zào 造。	Produced in Changzhou.
sū 苏	yǔ 与	háng 杭，	Suzhou and Hangzhou,
cì 刺	xiù 绣	qiǎo 巧。	Well-known for embroidery.
jīn 金	shí 石	kè 刻，	Metal and stone carving,
xiàng 象	yá 牙	diāo 雕。	Ivory engraving.
huá 华	gōng 工	yì 艺，	Chinese handicraft art,
rén 人	chēng 称	hǎo 好。	Acclaimed by many people.

子，造。杭，巧。刻，雕。藝，好。篦州與繡，石牙工稱，頭常蘇刺金象華人

十一 戏剧曲艺 XI JU QU YI

11 OPERA AND FOLK ART

hàn	xì	qǔ	
汉	戏	曲，	The Han opera and folk art,
yuán	liú	cháng	
源	流	长。	Originated from a long time ago.
jīng	xì	jù	
京	戏	剧，	Beijing opera,
liú	chuán	guǎng	
流	传	广。	Widespead in China.
yuè	jù	qǔ	
粤	剧	曲，	Guangdong opera,
diào	háo	fàng	
调	豪	放。	Bold and unconsfrained in melody.
huáng	méi	xì	
黄	梅	戏，	Huangmei opera,
měi	míng	yáng	
美	名	扬。	Its good name spreads.

十一　戲劇曲藝　ㄒㄧˋ ㄐㄩˋ ㄑㄩˇ ㄧˋ

ㄑㄩ 曲，ㄔㄤˊ 長。
ㄐㄩˋ 劇，ㄍㄨㄤˇ 廣。
ㄑㄩˇ 曲，ㄈㄤˋ 放。
ㄒㄧˋ 戲，ㄧㄤˊ 揚。

ㄒㄧˋ 戲，ㄌㄧㄡˊ 流。
ㄒㄧˋ 戲，ㄔㄨㄢˊ 傳。
ㄐㄩˋ 劇，ㄏㄠˊ 豪。
ㄇㄟˊ 梅，ㄇㄧㄥˊ 名。

ㄏㄢˋ 漢，ㄩㄢˊ 源。
ㄐㄧㄥ 京，ㄌㄧㄡˊ 流。
ㄩㄝˋ 粵，ㄉㄧㄠˋ 調。
ㄏㄨㄤˊ 黃，ㄇㄟˇ 美。

shào xīng xì
绍 兴 戏，

Shaoxing opera,

yù sū háng
誉 苏 杭。

Welcomed in the areas of Suzhou and Hangzhou.

shēng gāo kàng
声 高 亢，

High-sounding words,

hé nán bāng
河 南 梆。

Featured in Henan opera.

qǔ yì lèi
曲 艺 类，

The folk art,

zhǒng duō yàng
种 多 样。

Many kinds in form.

shuō xiàng sheng
说 相 声，

A comic dialogue,

xiào duàn cháng
笑 断 肠。

Making the audience smile broadly.

kuài bǎn shū
快 板 书，

A clapper talk,

lè mǎn chǎng
乐 满 场。

Bringing the audience happiness.

ㄒㄧˋ戲，ㄏㄤˊ杭。ㄎㄤ亢，ㄅㄤ梆。ㄌㄟˋ類，ㄧㄤˋ樣。ㄙㄥ聲，ㄔㄤˊ腸。ㄕㄨ書，ㄔㄤˊ場。

ㄒㄧㄥ興　ㄙㄨ蘇　ㄍㄠ高　ㄋㄢˊ南　ㄧˋ藝　ㄉㄨㄛ多　ㄒㄧㄤˋ相　ㄉㄨㄢˋ斷　ㄅㄢˇ板　ㄇㄢˇ滿

ㄕㄠˋ紹　ㄩˋ譽　ㄕㄥ聲　ㄏㄜˊ河　ㄑㄩˇ曲　ㄓㄨㄥˇ種　ㄕㄨㄛ說　ㄒㄧㄠˋ笑　ㄎㄨㄞˋ快　ㄌㄜˋ樂

dǎ 打	yāo 腰	gǔ 鼓，	The beating of waist drums,
shān 山	zhèn 震	dàng 荡。	Making the hills shake.
niǔ 扭	yāng 秧	ge 歌，	While doing the Yangge dance,
zhòng 众	huān 欢	chàng 唱。	All sing along.
sū 苏	píng 评	tán 弹，	Suzhou storytelling and ballad singing,
qíng 情	yì 意	cháng 长。	Reflecting deep affection.
tīng 听	xì 戏	qǔ 曲，	To enjoy opera and folk art,
rén 人	lè 乐	kāng 康。	Can make one happy and healthy.

打腰鼓，山震盪。
扭秧歌，衆歡唱。
蘇評彈，情意長。
聽戲曲，人樂康。

十二 体坛创举 **TI TAN CHUANG JU**
12 ACHIEVEMENTS IN SPORTS

zhōng 中	guó 国	rén 人，	The Chinese people,
ài 爱	tǐ 体	yù 育。	Fond of sports.
chuán 传	tǒng 统	yǒu 有，	In tradition,
jiàn 健	shēn 身	shù 术。	Various methods for good health.
tài 太	jí 极	quán 拳，	Taijiquan,
qiáng 强	jīn 筋	gǔ 骨。	Making the human body strong.
shào 少	lín 林	quán 拳，	Shaolin boxing,
jiàn 见	gōng 功	fu 夫。	A style of martial arts.

十二　體壇創舉

中國人，
愛體育。
傳統有，
健身術。
太極拳，
強筋骨。
少林拳，
見功夫。

xià wéi qí，
下 围 棋，

Playing Weiqi chess,

qiǎo bù jú。
巧 布 局。

Skillful in positioning.

zǒu xiàng qí，
走 象 棋，

Playing chess,

bǐ zhàn shù。
比 战 术。

Competition in tactics.

xiǎn xióng fēng，
显 雄 风，

Very powerful,

pīng pāng qiú。
乒 乓 球。

The table tennis team.

yáng wēi míng，
扬 威 名，

Widespread fame,

nǚ pái jiàng。
女 排 将。

The women's volleyball
players.

yǔ máo qiú，
羽 毛 球，

The badmington players,

zhàn bǎng shǒu。
占 榜 首。

The championship winners.

下圍棋，巧佈局。走象棋，比戰術。顯雄風，乒乓球。揚威名，女排將。羽毛球，佔榜首。

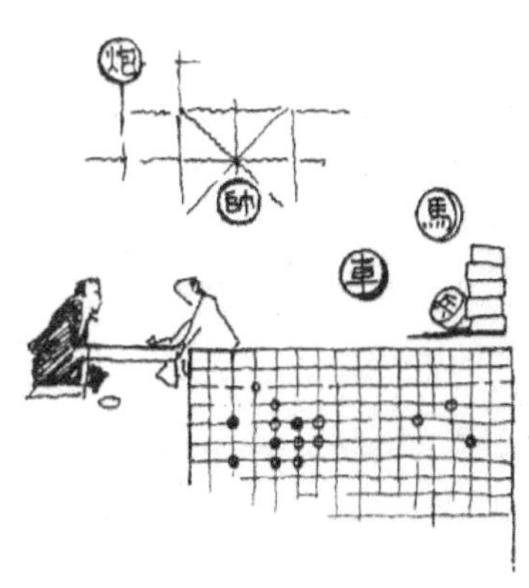

tǐ cāo duì，
体操队，

duō xīn xiù。
多新秀。

yóu yǒng sài，
游泳赛，

chéng jī yōu。
成绩优。

tǐ tán shàng，
体坛上，

duō chuàng jǔ。
多创举。

yào qiáng shēn，
要强身，

zhòng tǐ yù。
重体育。

In the gymnastic team,

Many new talents.

With swimming games,

Good results achieved.

In the sport world,

Enormous achievements.

For excellent health,

Promote physical education.

體操隊，多新秀。
游泳賽，成績優。
體壇上，多創舉。
要強身，重體育。

十三 中华医药 ZHONG HUA YI YAO
13 CHINESE MEDICINE

zhōng	yī	xué	
中	医	学，	Chinese medicine,

wéi	guó	zhēn	
为	国	珍。	A national treasure.

zhōng	cǎo	yào	
中	草	药，	Chinese medicinal herbs,

jiù	shì	rén	
救	世	人。	Saving human lives.

qín	biǎn	què	
秦	扁	鹊，	Bian Que of the Qin,

zhì	bǎi	bìng	
治	百	病。	Cured a hundred kinds of disease.

hàn	huà	tuó	
汉	华	佗，	Hua Tuo of the Han,

yī	gāo	míng	
医	高	明。	Master in the art of healing.

十三 中華醫藥

中醫學，為國珍。
中草藥，救世人。
秦扁鵲，治百病。
漢華佗，醫高明。

zhāng 张	zhòng 仲	jǐng 景，	Zhang Zhongjing,
shāng 《伤	hán 寒	lùn 论》。	*On Febrile Diseases*.
biān 编	běn 《本	cǎo 草》，	*Compendium of Materia Medica*,
lǐ 李	shí 时	zhēn 珍。	By Li Shizhen.
zhōng 中	yī 医	shù 术，	The art of Chinese medicine,
dú 独	chuàng 创	xìng 性。	Unique and creative.
yīn 阴	yáng 阳	shuō 说，	The yin-yang theory,
zhòng 重	píng 平	héng 衡。	An emphasis on balance.
zhěn 诊	qiè 切	mài 脉，	Feeling the pulse,
wàng 望	wén 闻	wèn 问。	Combined with observing, smelling and asking.

張仲景，《傷寒論》。編《本草》，李時珍。中醫術，獨創性。陰陽說，重平衡。診切脈，望聞問。

shī miào shǒu,
施 妙 手，

To effect a miraculous cure,

kě huí chūn。
可 回 春。

Bring the dying back to life.

zhēn jiǔ shù,
针 灸 术，

Acupuncture and
moxibustion,

qí gōng néng。
奇 功 能。

Wonderful functions.

jiàn xiào kuài,
见 效 快，

Quick effects,

yòu jié shěng。
又 节 省。

And economical.

zhòng yī liáo,
重 医 疗，

To develop health services

bǎo mín shēng。
保 民 生。

For the well-being of
people.

施妙手，可回春。
針灸術，奇功能。
見效快，又節省。
重醫療，保民生。

十四 海外华侨 *HAI WAI HUA QIAO*
14 OVERSEAS CHINESE

zhōng 中	guó 国	rén 人，	Some Chinese nationals,
jū 居	hǎi 海	wài 外。	Having migrated to overseas.
yǔ 与	tā 他	zú 族，	With other peoples,
hé 和	xiāng 相	dài 待。	Living in harmony.
hàn 汉	wén 文	míng 明，	Han civilisation,
bō 播	sì 四	hǎi 海。	Transmitted over the four seas.
zhòng 众	huá 华	qiáo 侨，	Overseas Chinese,
duō 多	néng 能	nài 耐。	Showing great ability.

十四 海外華僑　ㄏㄞˇ ㄨㄞˋ ㄏㄨㄚˊ ㄑㄧㄠˊ

中國人，居海外。

與他族，和相待。

漢文明，播四海。

眾華僑，多能耐。

chéng　gōng　zhě，
成　　功　　者，

Many have succeeded

biàn　shì　jiè。
遍　　世　　界。

In all parts of the world.

zài　tā　xiāng，
在　　他　　乡，

In a distant land,

chuàng　xīn　yè。
创　　新　　业。

New enterprises built up.

kào　qín　jiǎn，
靠　　勤　　俭，

By hard work,

cái　yuán　kāi。
财　　源　　开。

To become rich.

yòng　zhì　huì，
用　　智　　慧，

With wisdom,

xiě　wèi　lái。
写　　未　　来。

To write a future.

hǎo　jiā　fēng，
好　　家　　风，

Fine family tradition,

chuán　hòu　dài。
传　　后　　代。

Handed down to new
generations.

成功者，遍世界。
在他鄉，創新業。
靠勤儉，財源開。
用智慧，寫未來。
好家風，傳後代。

gù xiāng qíng,
故乡情，
Affection for hometown,

jì xīn huái。
记心怀。
Always kept in heart.

yuán zǔ guó,
援祖国，
To help homeland,

jìn kāng kǎi。
尽慷慨。
Generously with money.

yóu zǐ zhì,
游子志，
The spirit of overseas Chinese,

zhǎn fēng cǎi。
展风采。
Fostering graceful bearing.

故鄉情，
記心懷。
援祖國，
盡慷慨、
遊子志，
展風采。

十五 文化交流 WEN HUA JIAO LIU

15 CULTURAL EXCHANGE

dōng 东	xī 西	fāng 方，	In the East and the West,
cún 存	yì 异	tóng 同。	There exist differences and similarities.
gòng 共	yǒu 友	shàn 善，	Friendship has developed,
yì 异	chuán 传	tǒng 统。	Together with different traditions.
jiè 借	jiāo 交	liú 流，	Through exchanges,
hù 互	bǔ 补	chōng 充。	To supplement each other.
yǐ 以	tā 他	cháng 长，	Learn from others' strong points,
bǔ 补	jǐ 己	duǎn 短。	To offset one's weaknesses.

十五 文化交流　ㄨㄣˊ ㄏㄨㄚˋ ㄐㄧㄠ ㄌㄧㄡˊ

東西方，存異同。
共友善，異傳統。
借交流，互補充。
以他長，補己短。

duō wén huà，
多　文　化，

The diversity of cultures,

yí xiāng róng。
宜　相　融。

Good to be complemented.

sī lù guǎng，
思　路　广，

To open ways of thinking,

zhì huì fēng。
智　慧　丰。

Gain rich wisdom.

xīng wài jiāo，
兴　外　交，

With diplomatic contacts,

jīng shāng mào。
经　商　贸。

Promote business and trade.

guó jì jiān，
国　际　间，

In the whole world,

lì dà tóng。
立　大　同。

Great harmony to be built.

qiú hé píng，
求　和　平，

To search for peace,

yuàn xiāng tōng，
愿　相　通，

Is the hope in common.

ㄏㄨㄚˋ 化，
ㄖㄨㄥˊ 融。
ㄍㄨㄤˇ 廣，
ㄈㄥ 豐。
ㄐㄧㄠ 交，
ㄇㄠˋ 貿。
ㄐㄧㄢ 間，
ㄊㄨㄥˊ 同。
ㄆㄧㄥˊ 平，
ㄊㄨㄥ 通。

ㄨㄣˊ 文
ㄒㄧㄤ 相
ㄌㄨˋ 路
ㄏㄨㄟˋ 慧
ㄨㄞˋ 外
ㄕㄤ 商
ㄐㄧˋ 際
ㄉㄚˋ 大
ㄏㄜˊ 和
ㄒㄧㄤ 相

ㄉㄨㄛ 多
ㄧˊ 宜
ㄙ 思
ㄓˋ 智
ㄒㄧㄥ 興
ㄐㄧㄥ 經
ㄍㄨㄛˊ 國
ㄌㄧˋ 立
ㄑㄧㄡˊ 求
ㄩㄢˋ 願

xiāo dí yì,
消 敌 意，

To clear up hostility,

lì xiāng gòng
利 相 共。

Advantages are to be shared.

hù lǐ jiě
互 理 解，

From mutual understanding,

dá gòng shí
达 共 识。

To achieve identical views.

jié yǒu yì
结 友 谊，

Develop friendship,

cù fán róng
促 繁 荣。

Promote prosperity.

消敵意，利相共。
互理解，達共識。
結友誼，促繁榮。

十六 现代科技 XIAN DAI KE JI

16 MODERN SCIENCE AND TECHNOLOGY

xiàn 现	dài 代	rén 人，	Modern people,
duō 多	fā 发	míng 明。	Rich in invention.
kào 靠	kē 科	xué 学，	Learning scientific Knowledge,
tiān 添	jì 技	néng 能。	To gain more technical skills.
jī 机	xiè 械	huà 化，	With mechanization,
gōng 工	yè 业	xīng 兴。	Industry flourished.
diàn 电	qì 气	huà 化，	With electrification,
xiào 效	lù 率	zēng 增。	Efficiency increased.

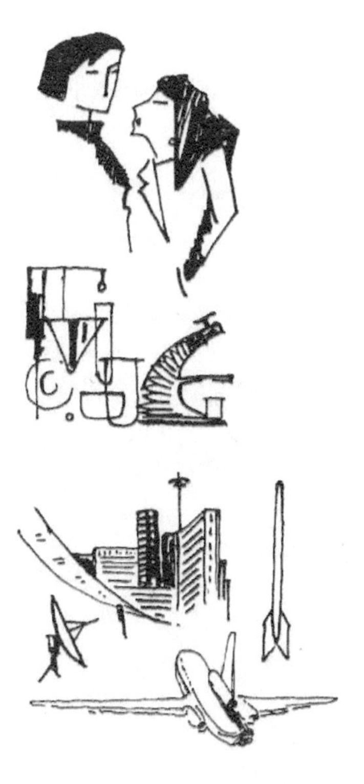

現代人，
多發明。
靠科學，
添技能。
機械化，
工業興。
電氣化，
效率增。

diàn	nǎo	huà
电	脑	化，

With computerization,

gèng	xiān	jìn
更	先	进。

To be more advanced.

zì	dòng	huà
自	动	化，

With automation,

jī	qì	rén
机	器	人。

Robot to be employed.

shàng	yuè	qiú
上	月	球，

Land on the moon,

chéng	wèi	xīng
乘	卫	星。

By satellite.

xià	hǎi	dǐ
下	海	底，

Reach the bottom of seas,

zuò	qián	tǐng
坐	潜	艇。

By submarine.

tōng	xùn	kuài
通	讯	快，

Quick communication,

yòng	chuán	zhēn
用	传	真。

By facsimile.

電腦化，更先進。
自動化，機器人。
上月球，乘衛星。
下海底，坐潛艇。
通訊快，用傳真。

xù jù lì
蓄巨力，

Great power,

yuán zǐ néng
原子能。

Atomic energy.

qián lì dà
潜力大，

Big potential,

tài yáng néng
太阳能。

Solar energy.

gāo kē jì
高科技，

High technology,

rì yì xīn
日异新。

Changing with each passing day.

xīn chuàng zào
新创造，

For inventions,

wú zhǐ jìng
无止境。

There is no ending.

蓄巨力，原子能。
潛力大，太陽能。
高科技，日異新。
新創造，無止境。

词 汇 表 VOCABULARY

A

爱	ài	love
安	ān	peaceful; fix

B

白话	bái huà	vernacular
百	bǎi	hundred
百家姓	bǎi jiā xìng	*Hundred Family Names*
办	bàn	establish; run
梆(子)	bāng(zi)	watchman's clapper
榜首	bǎng shǒu	champion
榜样	bǎng yàng	example; model
保	bǎo	protect; defend
宝	bǎo	treasure
报	bào	report; newspaper
北京	Běi jīng	the capital of China
本草纲目	Běn cǎo gāng mù	*Compendium Materia Medica*
比	bǐ	compare
篦子	bìzi	a double-edged comb
编	biān	compile; edit
扁鹊	Biǎn què	a personal name
辨	biàn	tell; distinguish

病	bìng	sick; illness
遍	biàn	everywhere; all over
播	bō	sow; seed
伯	bó	father's elder brother; uncle
补	bǔ	mend; repair
补充	bǔ chōng	replenish; supplement
不	bù	no; not
不可	bù kě	cannot; should not
布局	bù jú	layout; position

C

操持	cāo chi	handle; manage
财源	cái yuán	financial resource
曹雪芹	Cáo xuěqín	a personal name
草(体)	cǎo (tǐ)	a style of Chinese calligraphy
长	cháng	long
长城	Chángchéng	the Great Wall
常州	Cháng zhōu	a city in east China
朝	cháo	dynasty
陈	Chén	a family name
称好	chēng hǎo	praise; commend
称呼	chēng hu	call; address
成	chéng	achieve
成功	chéng gōng	success
成绩	chéng jī	result
成就	chéng jiù	achievement

乘　　chéng　　ride
承　　chéng　　continue; carry on
程　　Chéng　　a family name
城　　chéng　　city
除　　chú　　remove; except
除掉　　chú diào　　eliminate
传　　chuán　　pass; hand down
传统　　chuán tǒng　　tradition
传真　　chuán zhēn　　facsimile
创　　chuàng　　start (doing sth.)
创造　　chuàng zào　　create
吹　　chuī　　blow; play (wind instruments)
春秋　　chūn qiū　　spring and autumn; year; history
瓷　　cí　　porcelain
词　　cí　　word; a style of poetry
赐　　cì　　grant; bestow
刺绣　　cì xiù　　embroidery
促　　cù　　promote
存　　cún　　reserve

D

达　　dá　　extend; reach
打　　dǎ　　strike; hit
大　　dà　　big; great
大娘　　dà niáng　　aunt
大同　　dà tóng　　great harmony

傣	dǎi	the Dai ethnic group
到	dào	arrive; reach
道	dào	way; Taoism
敌意	dí yì	hostility; enmity
弟	dì	younger brother
地域	dì yù	region; territory
帝制	dì zhì	monarchy
电脑化	diàn nǎo huà	computerization
电气化	diàn qì huà	electrification
雕	diāo	carve; engrave
调	diào	tune; melody
鼎立	dǐng lì	tripartite confrontation
东	dōng	east
懂	dǒng	understand
动荡	dòng dàng	turbulence
逗	dòu	provoke; amuse
读	dú	read
独创性	dú chuàng xìng	originality
短	duǎn	short
断肠	duàn cháng	heartbroken
对	duì	correct
多	duō	many; much
多样	duō yàng	varied
夺	duó	seize; contend for
敦煌	Dūn huáng	a place name

E

| 峨嵋山 | E méi shān | Mount Emei |

儿女	ér nǔ	children; sons and daughters

F

发明	fā míng	invent; invention
发扬	fā yáng	develop; carry on
法	fǎ	law; Legalists
繁荣	fán róng	flourishing; booming
方	fāng	method; square
方块	fāng kuài	square
防	fáng	guard against; defend
非	fēi	wrong; not
废	fèi	abolish; give up
丰	fēng	abundant; rich
风采	fēng cǎi	graceful bearing
夫	fū	husband; man
佛	fó	Buddha
佛光	fó guāng	the spirit of Buddha
父	fù	father
赋	fù	a style of prose

G

竿	gān	pole; rod
高	gāo	high; tall
高亢	gāo kàng	resounding
高明	gāo míng	brilliant; wise
哥	gē	elder brother
歌舞	gē wǔ	song and dance

各	gè	each; every
更	gèng	even more; further
工	gōng	worker; work
工业	gōng yè	industry
工艺	gōng yì	craft; technology
功夫	gōng fu	skill; art
功能	gōng néng	function
弓	gōng	bow; arch
共	gòng	share
共识	gòng shí	share a common view
姑	gū	father's sister; aunt
古	gǔ	ancient
古老	gǔ lǎo	age-old
故乡	gù xiāng	native place
光泽	guāng zé	lustre; gloss
广	guǎng	wide; vast
桂林	Guì lín	a city in south China
国际	guó jì	international
国珍	guó zhēn	national treasure

H

哈达	hǎ dá(katag)	a ceremonious scarf
还	hái	also; still
海	hǎi	sea
海底	hǎi dǐ	sea floor
海外	hǎi wài	overseas; abroad
喊	hǎn	call; shout
汉	hàn	the Han ethnic group

汉字	hàn zì	Chinese characters
杭州	Háng zhōu	a city in east China
航路	háng lù	air or sea route
豪放	háo fàng	bold and unconstrained
好	hǎo	good; nice
好	hào	good at; like
和	hé	and
和平	hé píng	peace
和气	hé qì	gentle; polite
和睦	hé mù	harmony; amity
河南	Hé nán	the name of a province
红楼梦	Hóng lóu mèng	*A Dream of Red Mansions*
洪水	hóng shuǐ	flood
洪秀全	Hóng xiù quán	a personal name
后	hòu	after
后代	hòu dài	later generations
胡	Hú	a family name
互	hù	mutual; each other
华	huá	China
华侨	huá qiáo	overseas Chinese
华佗	Huà tuó	a personal name
坏	huài	bad
欢唱	huān chàng	sing merrily
黄帝	Huáng dì	the Huang Emperor
黄河	Huáng hé	the Yellow River
黄鹤楼	Huáng hè lóu	the Yellow Crane

Tower

黄梅戏	huáng méi xì	Huangmei opera
回春	huí chūn	bring back to life
回民	huí mín	the Hui people
会	huì	get together
会意	huì yì	knowing; associative compounds
婚姻	hūn yīn	marriage
浑天仪	hún tiān yí	armillary sphere
火药	huǒ yào	gunpowder

J

激	jī	swash; arouse
机器人	jī qì rén	robot
集	jí	gather; collect
己	jǐ	oneself
既	jì	and; as well as
计谋	jì móu	scheme; stratagem
记	jì	remember
技能	jì néng	skill; technique
机械化	jī xiè huà	mechanization
家风	jiā fēng	family tradition
家教	jiā jiào	family education
甲骨文	jiǎ gǔ wén	a style of Chinese
间	jiān	between
兼	jiān	concurrent
简	jiǎn	simple
见效	jiàn xiào	become effective

建	jiàn	found; build
健身术	jiàn shēn shù	method for good health
江	Jiāng	a family name
讲	jiǎng	lecture; speak
蒋	Jiǎng	a family name
交	jiāo	hand over
交际	jiāo jì	communication
交流	jiāo liú	exchange
交往	jiāo wǎng	contact
教	jiāo	teach; instruct
教益	jiào yì	enlightenment
教授	jiào shòu	professor
叫	jiào	call; ask
节省	jié shěng	save; economize
揭	jiē	raise; uncover
姐妹	jiě mèi	sisters
借	jiè	borrow
今	jīn	today
金	jīn	gold
金牌	jīn pái	gold medal
金石	jīn shí	metal and stone
筋骨	jīn gǔ	bones and muscles
进	jìn	advance
禁	jìn	prohibit; ban
尽	jìn	put to the best use
京剧	jīng jù	Beijing opera
精	jīng	refined; skilled
经典	jīng diǎn	classic

景泰蓝	jǐng tài lán	cloisonne enamel
景德镇	Jǐng dé zhèn	a city in Jiangxi Province
敬	jìng	respect
九	jiǔ	nine
九寨沟	Jiǔ zhài gōu	a place name
久	jiǔ	long; for a long time
救	jiù	rescue; save
居	jū	reside; occupy
巨	jù	huge; tremendous
巨力	jù lì	tremendous force
剧	jù	opera; play
君	jūn	gentleman
峻	jùn	(of mountains) high; precipitous

K

开	kāi	open
楷	kǎi	a style of Chinese writing
康	kāng	healthy
慷慨	kāng kǎi	generous
靠	kào	rely on
科技	kē jì	science and technology
科学	kē xué	science
可行	kě xíng	feasible

刻	kè	carve; cut
客	kè	guest
孔夫子	Kǒng fū zǐ	Confucius
口	kǒu	mouth
窟	kū	cave
快	kuài	quick
快板书	kuài bǎn shū	story recited to the rhythm of clappers
款待	kuǎn dài	entertain

L

老	lǎo	old
老人	lǎo rén	old people
乐	lè	happy
乐山	Lè shān	Mount Le
类	lèi	category
黎	lí	the Li ethnic group
离骚	lí sāo	a poem by Qu Yuan
李	Lǐ	a family name
李白	Lǐ bái	a personal name
李时珍	Lǐ shí zhēn	a personal name
李自成	Lǐ zì chéng	a personal name
里	lǐ	a unit of length = 1/2 kilometre
礼节	lǐ jié	courtesy
立	lì	stand up
历史	lì shǐ	history
隶	lì	a style of Chinese

		writing
利	lì	advantage
连	lián	connect
凉席	liáng xí	summer sleeping mat
林	Lín	a family name
林则徐	Lín zé xú	a personal name
邻舍	lín shè	neighbour
刘	Liú	a family name
流	liú	flow
流传	liú chuán	spread
芦笙	lú shēng	a reed-pipe wind instrument
路	lù	way; road

M

满场	mǎn chǎng	full house
美	měi	beautiful
美德	měi dé	virtue
美名	měi míng	good name
蒙古	Měng gǔ	Mongolia
苗	miáo	the Miao ethnic group
妙手	miào shǒu	a miraculous cure
民国	mín guó	the Republic
民生	mín shēng	the people's livelihood
民族	mín zú	nation; ethnic group
明	Míng	the Ming Dynasty
名	míng	name; given name

名篇	míng piān	noted writings
名气	míng qì	reputation
名胜	míng shèng	a famous place
莫	mò	no; not
母亲	mǔ qīn	mother
木	mù	tree; wood

N

南	nán	south
南洋	nán yáng	Southeast Asia
难	nán	difficult
能耐	néng nài	ability; skill
泥娃娃	ní wá wa	clay figurine
年	nián	year
扭	niǔ	turn around
女排	nǚ pái	women's volleyball team

O

| 欧阳 | Ou yáng | a family name |
| 欧洲 | Ou zhōu | Europe |

P

偏旁	piān páng	character components
乒乓球	pīng pāng qiú	table tennis
平衡	píng héng	balance

| 评弹 | píng tán | storytelling and ballad singing |
| 泼水（节） | pō shuǐ (jié) | the Water-Sprinkling Festival |

Q

妻	qī	wife
奇	qí	unusual; wonder
起	qǐ	up
起义	qǐ yì	uprising; revolt
谦让	qiān ràng	modestly decline
千	qiān	thousand
千样	qiān yàng	thousand kinds
前	qián	front; forward
潜力	qián lì	potential
潜艇	qián tǐng	submarine
强	qiáng	strong; powerful
巧	qiǎo	skillful; clever
切脉	qiè mài	feel the pulse
亲	qīn	blood relation; close
亲属	qīn shǔ	relatives
秦始皇	Qín shǐ huáng	the First Qin Emperor
勤俭	qín jiǎn	hardworking and thrifty
清真寺	qīng zhēn sì	mosque
情	qíng	feeling; affection
情意	qíng yì	tender regards
求	qiú	request; implore

求援	qiú yuán	ask for help
区	qū	area; region
屈原	Qū yuán	a personal name
曲艺	qǔ yì	folk art forms
取	qǔ	take; get
全	quán	complete; whole
全球	quán qiú	the whole world

R

让	ràng	let
人	rén	people; human being
人口	rén kǒu	population
仁礼	rén lǐ	benevolence
认	rèn	recognize
日	rì	sun; every day
日月潭	Rì yuè tán	the Sun-Moon Pond
容易	róng yì	easy
儒	rú	Confucian; scholar
儒林	rú lín	*The Scholars*
如	rú	according to; such as
若	ruò	like; seem

S

赛	sài	contest; competition
三	sān	three
桑蚕	sāng cán	silkworm
山	shān	mountain; hill

山歌	shān gē	folk song
伤寒论	Shāng hán lùn	*On Febrile Diseases*
商贸	shāng mào	trade
上	shàng	upper; upward
上海	Shàng hǎi	a city in east China
烧	shāo	burn; heat
少林拳	shào lín quán	the boxing style of Shaolin
少林寺	Shào lín sì	the Shaolin Temple
绍兴	Shào xīng	a place name
射骑	shè qí	shooting and horse riding
身骨	shēn gǔ	body; health
神州	shén zhōu	a literary name of China
婶	shěn	wife of father's younger brother
声	shēng	sound; voice
生	shēng	livelihood
生活	shēng huó	life
甥	shēng	sister's son; nephew
施	shī	carry out; grant
诗	shī	poetry; poem
诗仙	shī xiān	poet immortal
师长	shī zhǎng	teacher; senior
施耐庵	Shī nài'ān	a personal name
实	shí	practical
时	shí	time
时代	shí dài	time; era

史记	Shǐ jì	*Records of a Historian*
始祖	shǐ zǔ	first ancestor
世	shì	the world; society
世界	shì jiè	the world
世人	shì rén	common people
收集	shōu jí	collect
手工艺	shǒu gōng yì	handicraft art
手艺	shǒu yì	handicraft
叔	shū	father's younger brother; uncle
书法	shū fǎ	calligraphy
数	shǔ	count
蜀	Shǔ	short for Sichuan Province
数	shù	number; figure
术	shù	art; skill
双	shuāng	double; two
水	shuǐ	water
水浒传	Shuǐ hǔ zhuàn	*Outlaws of the Marsh*
说	shuō	speak; say
舜	Shùn	the Shun Emperor
思路	sī lù	thinking; train of thought
丝绸	sī chóu	silk; silk cloth
司马迁	Sī mǎ qiān	a personal name
私学	sī xué	private school
四	sì	four
四海	sì hǎi	the four seas; the whole world
四书	Sì shū	the Four Books

寺	sì	temple
宋代	Sòng dài	the Song Dynasty
苏州	Sū zhōu	a city in east China
孙	sūn	grandchildren; a family name
孙中山	Sūn zhōng shān	Sun Yat-sen
酥油茶	sū yóu chá	buttered tea

T

他	tā	he; him
他人	tā rén	another person; others
他乡	tā xiāng	an alien land; foreign land
塔吉克	Tǎ jí kè	the Tajik ethnic group
台	tái	short for Taiwan
泰山	Tài shān	Mount Taishan
太太	tài tai	Mrs. ; madame
太极拳	tài jí quán	a kind of Chinese boxing
太阳能	tài yáng néng	solar energy
唐	Táng	the Tang Dynasty
唐朝	Táng cháo	the Tang Dynasty
唐山	Táng shān	a city in north China
唐三彩	Táng sān cǎi	tri-coloured glazed pottery of the Tang
陶	táo	pottery; earthenware
滕王阁	Téng wáng gé	the King Teng

		Pavilion
体操队	tǐ cāo duì	gymnastic team
体坛	tǐ tán	the world of sports
体育	tǐ yù	physical training; sports
天	tiān	sky; heaven
添	tiān	add; increase
听	tīng	listen; hear
通	tōng	open; through
通讯	tōng xùn	communication
同	tóng	same; in common
同辈	tóng bèi	of the same generation
统一	tǒng yī	unification
头	tóu	head; top

W

外公	wài gōng	(maternal) grandfather
外交	wài jiāo	diplomacy; foreign affairs
外婆	wài pó	(maternal) grandmother
外域	wài yù	foreign lands
万	wàn	ten thousand
万里途	wàn lǐ tú	a distance of 10,000 li
王	Wáng	a family name

王麻子	Wáng má zi	a personal name
望	wàng	look over
威名	wēi míng	renown
为	wéi	support; stand for
围棋	wéi qí	go, a chess game
维吾尔	Wéi wú ěr	the Uygur ethnic group
伟绩	wěi jī	great feats
位	wèi	position
未来	wèi lái	future
魏	Wèi	the Wei Kingdom
卫星	wèi xīng	satellite
文化	wén huà	culture
文言	wén yán	classical Chinese
文明	wén míng	civilization
文天祥	Wén tiān xiáng	a personal name
闻	wén	hear; smell
闻名	wén míng	well-known
问	wèn	ask
我	wǒ	I; me
无	wú	nothing; without
吴	Wú	a family name
吴承恩	Wú chéng'ēn	a personal name
吴敬梓	Wú jìng zǐ	a personal name
五	wǔ	five
五经	Wǔ jīng	the Five Classics

X

| 西 | xī | west |

西湖	Xī hú	the West Lake
西欧	Xī ōu	Western Europe
西游记	Xī yóu jì	*Journey to the West*
西域	xī yù	the western countries
媳	xí	daughter-in-law
习惯	xí guàn	habit; usual practice
习趣	xí qù	interest
戏剧	xì jù	opera; play
戏曲	xì qǔ	traditional opera
下	xià	down
夏	xià	summer
先进	xiān jìn	advanced
先秦	xiān qín	the Pre-Qin Period
先生	xiān sheng	Mr. ; teacher
先师	xiān shi	great master
贤	xián	able; worthy
显	xiǎn	show; display
险	xiǎn	defile; risk
现代	xiàn dài	modern time
献	xiàn	offer; present
相帮	xiāng bāng	help each other
相处	xiāng chǔ	get along
相待	xiāng dài	treat each other
相共	xiāng gòng	share
相济	xiāng jì	support each other
相融	xiāng róng	be congenial
相通	xiāng tōng	communicate with each other

相忘	xiāng wàng	forget
详	xiáng	detailed
象棋	xiàng qí	Chinese chess
象形	xiàng xíng	pictographic
象牙	xiàng yá	ivory
相声	xiàng sheng	comic dialogue
消失	xiāo	disappear; dispel
小	xiǎo	small; little
小姐	xiǎo jiě	miss; young lady
小说	xiǎo shuō	novel; fiction
校长	xiào zhǎng	principal; president
效率	xiào lǜ	efficiency
孝义	xiào yì	filial piety
笑	xiào	smile
写	xiě	write
心怀	xīn huái	intention; mood
新	xīn	new; fresh
新秀	xīn xiù	new talent
新业	xīn yè	new enterprise
形	xíng	shape
形声	xíng shēng	pictophonetic
姓氏	xìng shì	surname
兴	xīng	prosper; rise
兄	xiōng	elder brother
雄	xióng	male; hero
雄风	xióng fēng	powerful
		excellent
秀	xiù	elegant; beautiful
蓄	xù	store up

婿	xù	son-in-law
选	xuǎn	select; choose
学	xué	study

Y

鸦片	yā piàn	opium
亚洲	Yà zhōu	Asia
言	yán	speech; word; talk
炎帝	Yán dì	the Yan Emperor
秧歌	yāng ge	a folk dance
扬	yáng	raise; spread
养	yǎng	raise
样	yàng	kind; shape
腰鼓	yāo gǔ	waist drum
邀	yāo	invite; request
瑶	yáo	the Yao ethnic group
尧	Yáo	the Yao Emperor
要	yào	want; wish
耀	yào	shine; honour
一家	yī jiā	a family
一脉	yī mài	the same origin
医疗	yī liáo	medical treatment
医学	yī xué	medical science
宜	yí	suitable
宜兴	Yí xīng	a place name
姨	yí	mother's sister; aunt
彝	yí	the Yi ethnic group

义	yì	justice; righteous
异	yì	different
阴阳	yīn yáng	feminine and masculine
殷商	Yīn shāng	the Yin and Shang
印刷	yìn shuā	printing
应	yīng	should
鹰笛	yīng dí	hawk-type flute
勇	yǒng	brave; valiant
用	yòng	use; apply
用处	yòng chu	use; good
由	yóu	from
游	yóu	travel; swim
游览	yóu lǎn	sight-seeing
游泳	yóu yǒng	swim
游子	yóu zǐ	a person travelling away from home
有	yǒu	have; possess
有方	yǒu fāng	with the proper method
友善	yǒu shàn	friendship; kindness
友谊	yǒu yì	friendship
幼小	yòu xiǎo	immature
又	yòu	again and again; in addition to
余	yú	a family name
与	yǔ	and; together with
禹	Yǔ	the Yu Emperor
语言	yǔ yán	language

羽毛球	yǔ máo qiú	badminton
园	yuán	garden
缘	yuán	fate; reason
源流	yuán liú	source; origin
元	Yuán	the Yuan Dynasty
原子能	yuán zǐ néng	atomic energy
援	yuán	support
愿	yuàn	hope; wish
岳飞	Yuè fēi	a personal name
粤剧	yuè jù	Guangdong opera
月	yuè	moon; month
月球	yuè qiú	the moon
运河	yùn hé	canal

Z

在	zài	exist; be living
藏	zàng	the Tibetan ethnic group
早	zǎo	early
造	zào	make; invent
增	zēng	increase
赠	zèng	grant; present
展	zhǎn	open up; unfold
占	zhàn	occupy
战术	zhàn shù	tactics
张	Zhāng	a family name
张衡	Zhāng héng	a personal name
张骞	Zhāng qiān	a personal name
张仲景	Zhāng zhòng jǐng	a personal name

长者	zhǎng zhě	elder; senior
赵	Zhào	a family name
照	zhào	shine; light up
针灸	zhēn jiǔ	acupuncture and moxibustion
诊	zhěn	examine
震荡	zhèn dàng	shake
争鸣	zhēng míng	contend
正气	zhèng qì	healthy trend
郑	Zhèng	a family name
郑和	Zhèng hé	a personal name
之	zhī	of; this
织	zhī	weave
直系	zhí xì	directly-related
侄	zhí	nephew; niece
指南	zhǐ nán	compass; guide
止境	zhǐ jìng	end; limit
纸	zhǐ	paper
至	zhì	to
治	zhì	cure; rule
治疗	zhì liáo	treat; cure
智慧	zhì huì	wisdom; wise
志	zhì	will; ideal
制	zhì	system
中草药	zhōng cǎo yào	Chinese herbal medicine
中国	Zhōng guó	China
中华	zhōng huá	China
中文	zhōng wén	Chinese language

中医学	zhōng yī xué	study of Chinese medicine
种	zhǒng	type; kind
众	zhòng	many; the masses
重	zhòng	lay stress on
周	Zhōu	a family name
诸葛亮	Zhū gé liàng	a personal name
筑	zhù	build; construct
著	zhù	write
助	zhù	help
篆	zhuàn	a style of Chinese writing
壮	Zhuàng	the Zhuang ethnic group
紫砂壶	zǐ shā hú	red pottery teapot
子	zǐ	child; son
自动化	zì dòng huà	automation
走	zǒu	walk
族	zú	clan; ethnic group
足	zú	foot
祖	zǔ	founder; ancestors
祖父	zǔ fù	grandfather
祖国	zǔ guó	homeland
祖母	zǔ mǔ	grandmother
尊	zūn	respect; honour
作	zuò	do; make
坐	zuò	sit; take a seat
做	zuò	make; produce

附录《三字经》原文

Appendix: The Original *Three-Chinese-Character Classic*

人之初　性本善	融四岁　能让梨
性相近　习相远	弟于长　宜先知
苟不教　性乃迁	首孝悌　次见闻
教之道　贵以专	知某数　识某文
昔孟母　择邻处	一而十　十而百
子不学　断机杼	百而千　千而万
窦燕山　有义方	三才者　天地人
教五子　名俱扬	三光者　日月星
养不教　父之过	三纲者　君臣义
教不严　师之惰	父子亲　夫妇顺
子不学　非所宜	曰春夏　曰秋冬
幼不学　老何为	此四时　运不穷
玉不琢　不成器	曰南北　曰西东
人不学　不知义	此四方　应乎中
为人子　方少时	曰水火　木金土
亲师友　习礼仪	此五行　本乎数
香九龄　能温席	曰仁义　礼智信
孝于亲　所当执	此五常　不容紊

稻粱菽　麦黍稷
此六谷　人所食
马牛羊　鸡犬豕
此六畜　人所饲
曰喜怒　曰哀惧
爱恶欲　七情具
匏土革　木石金
与丝竹　乃八音
高曾祖　父而身
身而子　子而孙
自子孙　至玄曾
乃九族　人之伦
父子恩　夫妇从
兄则友　弟则恭
长幼序　友与朋
君则敬　臣则忠
此十义　人所同
凡训蒙　须讲究
详训诂　明句读
为学者　必有初
小学终　至四书
论语者　二十篇

群弟子　记善言
孟子者　七篇止
讲道德　说仁义
作中庸　子思笔
中不偏　庸不易
作大学　乃曾子
自修齐　至平治
孝经通　四书熟
如六经　始可读
诗书易　礼春秋
号六经　当讲求
有连山　有归藏
有周易　三易详
有典谟　有训诰
有誓命　书之奥
我周公　作周礼
著六官　存治体
大小戴　注礼记
述圣言　礼乐备
曰国风　曰雅颂
号四诗　当讽咏
诗既亡　春秋作

寓襃贬　别善恶
三传者　有公羊
有左氏　有谷梁
经既明　方读子
撮其要　记其事
五子者　有荀扬
文中子　及老庄
经子通　读诸史
考世系　知终始
自羲农　至黄帝
号三皇　居上世
唐有虞　号二帝
相揖逊　称盛世
夏有禹　商有汤
周文武　称三王
夏传子　家天下
四百载　迁夏社
汤伐夏　国号商
六百载　至纣亡
周武王　始诛纣
八百载　最长久
周辙东　王纲坠

逞干戈　尚游说
始春秋　终战国
五霸强　七雄出
嬴秦氏　始兼并
传二世　楚汉争
高祖兴　汉业建
至孝平　王莽篡
光武兴　为东汉
四百年　终于献
魏蜀吴　争汉鼎
号三国　迄两晋
宋齐继　梁陈承
为南朝　都金陵
北元魏　分东西
宇文周　与高齐
迨至隋　一土宇
不再传　失统绪
唐高祖　起义师
除隋乱　创国基
二十传　三百载
梁灭之　国乃改
梁唐晋　及汉周

称五代　皆有由
炎宋兴　受周禅
十八传　南北混
辽与金　皆称帝
元灭金　绝宋世
莅中国　兼戎狄
九十载　国祚废
太祖兴　国大明
号洪武　都金陵
迨成祖　迁燕京
十七世　至崇祯
权奄肆　寇如林
至李闯　神器焚
清太祖　膺景命
靖四方　克大定
由康雍　历乾嘉
民安富　治绩夸
道咸间　变乱起
始英法　扰都鄙
开海禁　交互市
继粤匪　创天理
民遭殃　如汤沸
有良弼　国再造

靖寇氛　疆土保
同光后　宣统弱
我中国　地日削
传九帝　满业没
革命兴　意气雄
废帝制　效大同
立宪法　政共和
愿同胞　勿操戈
古今史　全在兹
载治乱　知兴衰
读史者　考实录
通古今　若亲目
口而诵　心而惟
朝于斯　夕于斯
昔仲尼　师项橐
尔幼学　当效之
蔡文姬　能辨琴
谢道韫　能咏吟
彼女子　且聪敏
尔男子　当自警
唐刘晏　方七岁
举神童　作正字
彼虽幼　身已仕